JN410220

걸레

도서출판
작가마을

걸레

초판인쇄 | 2018년 9월 10일 **초판발행** | 2018년 9월 20일
지은이 | 정소슬 **주간** | 배재경 **펴낸이** | 배재도 **펴낸곳** | 도서출판 작가마을
등 록 | 2002년 8월 29일(제 2002-000012호)
주 소 | 부산광역시 중구 대청로 141번길 15-1 대륙빌딩 301호
T. 051)248-4145, 2598 F. 051)248-0723 E. seepoet@hanmail.net

ISBN 979-11-5606-110-6 03810 ₩9000

※ 본 시집은 울산문화재단의 '2018 예술로(路) 탄탄지원사업'의 지원을 받아 발간하였습니다.

※ 이 도서의 국립중앙도서관 출판예정도서목록(CIP)은 서지정보유통지원시스템 홈페이지 (http://seoji.nl.go.kr)와 국가자료공동목록시스템(http://www.nl.go.kr/kolisnet)에서 이용하실 수 있습니다.(CIP제어번호: CIP2018027315)

※ 이 책의 무단전재 및 복제행위는 저작권법에 의거, 처벌의 대상이 됩니다.

작가마을 시인선 32

걸레

정소슬 시집

■■■ 시인의 말

인간의 능력이 인공지능 AI에 제압당하는 시대,
경제라는 거대 공룡은 우리 아우성 따윈 아랑곳없이
품에 안은 AI의 재롱만 즐기고 있다.
공룡이 꿈적거릴 때마다 우리 삶터는
아수라장으로 변하고 그때마다 내 일자리는
여지없이 유린당한다.
언제부턴가 나는 적자생존의 정글에 끌려와 있고
약육강식의 창살 속에 갇혀 있다.

AI의 재롱에 빠진 공룡을 구슬려야 하는데
어떡하든 공룡의 발걸음을 묶어놓아야 할 텐데
……무모한 꿈을 꾸며

거대 발자국이 판 수렁에 빠져 몸부림치다 몸부림치다
걸레가 되어있는 내 모습, 들여다본다.
혹여 사람냄새마저 달아나버린 건 아닐까, 흔들어본다.

2018. 맹하

정소슬 시집

작가마을 시인선 32

• 차례

걸레

제2부

제3부

제4부

걸레

작가마을시인선32 · 정 소 슬

제1부

낙엽 아라리

간다 간다
모가지 끊어져 길 잃은 낙엽
흙탕길 빙판길 가릴 겨를 없이
갈팡질팡 허우적거리며 간다

품이란 품은
모조리 바위가 되어 돌아앉은
긴, 기-인 호한 삼동 길
제 모가질 목발인 양 질질 끌고서

비틀비틀 비틀거리며 간다
절뚝절뚝 절뚝거리며 간다
울걱울걱 울걱거리며 간다

고개 넘는 한숨만도 구만 구천 두

때리지 마라 땡볕이여
끄집지 마라 바람이여

걸레

나는 걸레다 나는 비정규직이다
반란을 꿈꾸는 미전향장기수이다
노동의 독이 밴 노동중독자이다
나를 충동질하여 내 노동을 빨아먹는 그들은
걸핏하면 내 귓등 간질이며 사랑을 주절거리고
가랑이에다 기름을 부어 떡메질 일삼는다
그럴 때면 그의 거친 숨소리에
덩달아 흥분하기 일쑤고
그의 다급한 정에 연민을 느끼기 일쑤고
그러다 그만 계약 연장에 동의해버리기 일쑤고

동의를 받아낸 그는 즉시
나를 구정물 속에 처넣어 인정사정없이 흔들어댄다
그간 얻어먹은 거 다 토해내라 윽박지른다
그 악덕 조항이 애초 기본규약에 숨어 있었다는 걸
나중에야 알지만
또 속았구나 후회하는 반복이지만
다 잠든 밤 구석에 처박혀
노동의 독물 빼내기만도 힘이 버거운

난치성 결벽증후군까지 품어 안고 살아가는
천형의

그러나 결코 포기되지 않는 봉기의 땀으로
꿈자리 늘 축축한
피톨마다
면면히 흐르는 비분 의열의 검은 피
나는 나는 외세 소탕꾼 아나키스트의 후예이다

춤추는 아파트

경비실 앞 배롱나무 이파리에서 떨어진 땡볕이
아파트 마당을 조잘조잘 디디고 다니며
끄덕끄덕 아파트를 춤추게 할 때
경비아저씨 鄭씨의 고개도 덩달아 춤을 춘다
게슴츠레한 鄭씨의 눈이 한 번씩 뜨일 적마다
아파트의 춤은 잠시 멈추지만
발끈 달아오른 땡볕에 발이 뜨거운 아파트는
얼마 견디지를 못하고
다시 꾸벅꾸벅 춤추기 시작한다
그렇게 한 번씩 꾸벅일 적마다 아파트가 좌우로 쏠려
왼쪽으로 쏠리면 좌측 32평 라인 전체가
졸지에 24평으로 찌그러졌다가, 오른쪽으로 쏠리면
대뜸 45평으로 늘어났다가, 반복한다
그러니 45평에 사는 부녀회장에게 들키는 날이면
불난리가 난다 안 그래도
한두 평이나 될까 한 이파리의 배롱나무를
45평형은 족히 넘을 목련나무로 바꾸자는
주민투표에서 보기 좋게 부결을 먹은 그녀의

불편한 심기가 鄭씨에게 직방으로 폭발할 게
너무 뻔하기 때문이다 그런데 오늘 마침
노인정에서 막걸리 한 사발 얻어먹고 와
오른쪽으로 기울어버린 鄭씨의 고개를
무슨 똥배짱일까, 좀처럼 돌려놓으려 않는다

그녀의 누드

그녀가 벗어놓고 간 누드,

옷이 스쳐 간 자리마다 녹이 뻘겋다
목걸이와 팔찌가 머물렀던 자리엔
이랑이 패여 강이 되기 일보 직전이다
귀걸이 걸었던 곳은 아예 떨어져 나가고 없다
매니큐어 발랐던 손톱과 발톱
립스틱 칠했던 입술 어느 곳 하나
성한 데 없다
황홀했던 그 날들의 흔적은 이제 모두
그녀의 상흔으로 둔갑해 있다
온전한 것이라곤
겨드랑이 털과 흉물로 변해버린 주름과
바싹 말라버린 태초의 샘 배꼽, 그리고
구조적으로 손닿질 않아 도도함으로 무장했던
등뼈의
초췌해진 능선만이

그녀도 누드를 벗어 던질 때까진
까맣게 몰랐을 거다 눈치조차 채지 못했을 거다
제 것이 아니었다는 걸
타인의 봉토였음을
마법에 걸린 몽유였음을
에덴동산 뱀과 놀아난 동고리였음을

엽기의 식탁

달이 찬 만삭의 소가
검은 포도 위를 느릿느릿 걸어가고 있다
내 유년만 해도 저 소가
산을 낳아 풀과 나무를 키우고
논밭에 물과 이랑을 낳아
우리 일용할 곡식과 채소를 키웠다
그뿐이랴, 집 집 땔감과 퇴비를 낳았고
지금 그가 걷고 있는 신작로도
그의 배로 키워 내보냈다 우리 모두 그의 자식이었다
어김없는 그의 자손들인데 어쩌자고
불룩한 저 뱃속의 내 동기가 태어나고 나면
포도 위로 들어설 트럭에 실려 팔려가야 하는가
내 식탁 위의
한 점 고깃덩이가 되어야 하는가
파푸아뉴기니 포레족의 사육제 제단이 되어버린
엽기적인 우리의 식탁

* 포레(Fore)족 : 친족에 대한 식인풍습이 최근까지 성행해왔다 전해지는 남태평양 파푸아뉴기니의 한 부족.

식사에 대한 예의

중남미 인디오들은 카메라가 영혼을 빼어간다고 믿기 때문에
한사코 사진 찍히기를 거부한다는 글을 읽은 적 있다.

장미 밭에 카메라를 들이대고 있는
여자, 저 여자가
장미의 영혼을 훔치고 있다
찰칵찰칵 연사에다 놓고
모조리 퍼담고 있다
그것으론 부족했을까 카메라 치운
자리, 길게 뺀 코를 벌새처럼 쑤셔 박고 있다
꽃대가 홀쭉해지도록 장미의 혼을 빨아들이고 있다
후룩 후루룩 들이마시고 있다
핥고 빨고 씹어 꿀떡꿀떡 삼키고 있다
장미의 혼에 만취한 그녀,
비틀비틀 일어선다
흔전만전 일어선다 일어서서
입술에 묻은 도절 흔적 털어내며
식사에 대한 예의를 찡긋 눈발림 하고는
절뚝절뚝 멀어진다
뒤뚱뒤뚱 차랑고 소리 끄집으며 간다

불임지대

– 임계를 모르는 인계철선들

1.

양파의 밑동을 물병에 담가놓고 보면 허연 잔뿌리들이 수없이 돋아나 물속을 기어 다니는 양상인데, 무얼 찾는 걸까? 어딜 가려 저리 허둥대는 걸까? 그렇다, 디딜 땅을 찾고 있는 거다. 정착이라는 '최소한의 소유'를 쟁취하려 저리 허방을 헤매고 있는 거다. 정착이 힘들다고 여겨지면 불안해진 뿌리는 그 수를 자꾸 늘리기 마련이고

이 '최소한의 소유'를 가장하여 길거리마다 건물마다 방방마다 뻗친 동력선, 통신선, 방송선, 인터넷선, 꽁무니마다 꿰져 죽자사자 따라붙는 CCTV 감시선까지, 무한욕구 무한증식만을 최고의 가치로 외쳐대는 쌍끌이 저인망식 線, 線, 線들 물병 안은 시방 필사적인 저 인계철선들로 초만원이다. 빅뱅이 도래하기 일보 직전이다.

2.

온통 뿌리로구나 온통 잔뿌리들로

넘쳐나는구나 세상 속을 봐도 세상 밖을 봐도

몸 누일 곳을 찾지 못해 부유하는 허연 잔뿌리들이

저들끼리 얽히고설켜 허방을 배회하고 있구나

저들끼리 씨 없는 난교 일삼고 금기시된 상피 파티도
서슴지 않구나 밤낮의 경계가 사라진 노상에서
노상 벌어지는 광란의 향연에 만족이란 없구나
그 턱에 알이 차지 않겠구나 무배란증 무정자증은
저 얽히고설킨 뿌리들 소행이겠구나
길거리에 사무실에 안방에 이불 속에 꿈속에
심지어 뼛속까지 파고든 저 허연 잔뿌리들
마약 같은 올가미에 걸려 일도 제대로 않구나
밥도 제대로 안 먹구나 잠도 제대로 안 자는구나
원초의 본능이자 의당당 도리인
인륜지대사업인들
괴사 일로의 연애세포들로 시동조차 어렵겠구나

프리스비

보소, 갱비! 갱비 아저씨!

화단 잡초를 뽑고 있던 南씨, 그 소리에 경기驚氣하듯 허리 일으켜 부리나케 달려간다 사십 중반이나 될까 한 아파트 총무의 목소리는 하도 앙칼져 단박 알아듣는다 시집간 큰딸이 저 나이쯤일 텐데 올해 몇이더라 달려가며 온통 그 셈뿐인데

채 셈 끝에 당도하기도 전, 저쪽 빗자루와 쓰레받기 들고 와욧! 매몰찬 호통에 방향을 틀어 다시 헐레벌떡 뛴다 턱까지 차오르는 숨소리 너머 총무의 잔소리 표독스럽다 뉘 집 개가 여기다 똥을 싸발? 노? 이거 하나 치울 줄도 모르고 갱빌 없애고 씨씨티빌 달든지 해야지 원! 정신없이 뛰던 南씨, 결국 쓰레기통 앞에서 주저앉는다

어쩌겠는가, 주인이 날리는 원반을 헐떡대며 물어오는 개는 그 짓 재밌어서 그러겠는가 걸핏하면 욕설과 발길질 서슴지 않는 주인이 뭐가 좋아 매번 그 앞에 꼬리 흔들겠는가 포도청보다 더 무서운 목줄에

옴짝달싹 묶인 南씨, 개똥 칠갑이 된 원반을 헐레벌떡 물고 와 경비실 뒤에 파묻으며 두어 됫박도 넘음직한 울분도 함께 처넣어

지근지근 밟는다

월급날이 며칠 남았더라 꾹, 꾹, 손가락셈 짚어가면서

구부려 박은 못

못을 구부려 박는 이가 있다
구부려 박아야 빼내기 어렵고
빼내기 어려워야 오래 견딜 게 아니냐고
그럴지 모른다 영영 박혀 그의 바람을
완벽하게 충족시킬지 모른다 그러나
사람은 누구나 남의 못을 빼내고 싶어 한다
빼내어 그 사람의 머릿속을 살펴보고 싶어 한다
그래서 이사 후 벽의 못부터 흔들어 보는 거고
그 작가의 책을 밑줄 그어가며 읽어보는 거고
그 기사의 기보를 두 번 세 번 들여다보는 거다
들여다보인 그 자리, 뚫려 생긴 그 구멍에
내 생각을 박아보고 싶어 하는 거다
도저히 빼낼 수 없는 못,
난해하여 도무지 납득가지 않는 못,
아리송한 궁금증으로 잠시 호기심이야 일겠지만
당최 빼낼 재간 없는,
고집불통 벽창호 같은,
시뻘건 녹물만 뚝뚝 떨어지는, 그 못 위에

대체 그 누가
금심수구의 비단 스카프를 건단 말인가?

피카소가 웃고 있다

피카소가 웃고 있다
수십 년 전 붓 놓고 떠났던 그가
관 뚜껑 열고 올라와 그의 그림 경매장 안에서
헐헐 웃고 있다

보다 정확하게 말하면
그의 그림 앞에서가 아닌
그의 그림을 설명하는 새빨간 입술 앞에서
헐헐헐 웃고 있다

생전 별난 걸 즐겨 그렸던 그가
좀 더 별나게 그리려다
망친, 하여 창고 깊숙이 처박아버렸던
대체 어떻게 찾아낸 건지 머쓱하기만 한 그 그림에
추상적 입심 시뻘겋게 덧칠해서는
호가를
천정부지 높여대고 있는

비밀

내 비밀은 다 어디로 갔을까
한때 내 젊음과 내 사랑과 내 번영의 원동력이었던
수많은 그 비밀들은
다 어디로 간 걸까 다 어디 가서
누구의 심복이 되어 있을까
누구의 앞잡이로 영화를 누리며 떵떵대고 있을까
근성으로 봐 뻔한 속물이 되어 있을 그,
나와의 지난 인연을 들먹이며 으스대기도 할 테고
날 비아냥대면서 자신을 과시하려고도 들 거다
내 힘과 가멸이 뒷걸음질치자 잽싸게 달아난,
하긴 내 곁에 더 있어 봤자 이미 쓸모가 소멸하였을,
괜히 거추장스럽기만 했을,
올올 빠져 달아나는 머리털처럼
하나씩 지워져 가는 이름들처럼
주인이 저를 버리기 전에 먼저 주인을 버리고 떠난,
더러는 나를 그리워하고 있을지도 모를,
귀엽고 사랑스럽고
끈질기고 지긋지긋하기도 했던

KEY

모처럼 게놈 마트에 간 그녀는
수정용 난자와 배아용 인큐베이터 태아용 영양식 조기 언어학습기능이 탑재된 태교 음악까지 다 사 왔는데 정작 정자를 깜빡했다는 걸 집에 와서야 알았다 집에서 빈둥빈둥 게임 중이던 남편에게 정자를 사다 주면 안 되겠느냐 부탁했으나 남편은 들은 채 만 채 게임에만 열중이다 옆으로 다가가 나긋한 목소리로 다시 부탁하자 정 그러면 자기 걸 쓰면 안 되겠느냐고 섬뜩한 헛소릴 해댄다 유전자 세척도 항균 코팅도 안 된 그의 불량 정자를 쓰라니 그녀는 기가 막혀 말이 안 나왔다

인간의 정자 난자가 필요 없어진 지 벌써 수 세기, 이미 퇴화의 길로 들어선 인간의 수정체를 어찌 믿는단 말인가 그에 비하면 다양한 게놈 시설에서 완벽하게 양산되는, 피부색 외모는 물론 성격 취향 직업 생존수명까지 특화된 옵션들을 입맛대로 골라잡는 세상인데 위험천만하고 어느 것 하나 보장 안 되는 그의 원시적 생 정자를 사용하라니 남편이 제정신인지 의심스러웠다 더구나 그녀가 사 온 난자는 네댓 살이면 명이 소멸할 게 뻔한 비공인 싸구

려 난자이기에 그의 불량한 정자와 결합한다면 어떤 괴물이 생겨 나올지 생각만 해도 끔찍했다 그래서 이참에 말도 잘 안 듣고 게으르기만 한 남편을 반납해버리고 새 남자로 렌탈해 오는 게 나을 거 같다는 생각을 한다 함께 산지 겨우 2년여니까 교체 비용도 얼마 안 들 거다

남편이 그녀 마음을 눈치챈 건지 슬그머니 일어선다 심부름을 하겠다는 표정 같기는 하나 영 예감이 좋지 않다 저 능구렁이 속을 믿을 수 있나 고마워! 포옹하면서 그의 뒷목에서 슬쩍 KEY를 뽑아낸다 그녀 입술이 그의 목덜미에 닿는 순간 정신이 몽롱해지는 립스틱을 방금 발랐다는 걸 그는 눈치채지 못했다 그 덕에 하루쯤은 KEY가 뽑혔다는 사실조차 모를 거고 그래서 엉뚱한 일을 꾸미지는 못할 거다 이를테면

그녀보다 앞서 휴먼뱅크로 달려가

영구교환반납불가특약 따위에 가입해두는 등

노크

캔디의 방으로 들어가자 그녀, 보이질 않는 거야
아차!
노크를 깜박했다는 걸
그제야 깨닫고 돌아 나오려 했지만

허사였어 이미 문이 사라진 뒤였어 필시 나를 가두어두려는 캔디의 심술일 거야 하는 수 없지 이왕 캔디 방에 갇혔으니 그녀 추억이나 뒤져볼밖에 이 속에는 분명 나에게 털어놓지 못한 과거 비밀도 어딘가 숨겨져 있을 테고 그 생각이 들킨 걸까 문을 손에다 든 그녀가 불쑥 나타났어 나는 재빨리 거울 속으로 숨었지만 거울이 너무 짧아 전신을 다 숨길 수는 없었어 머리통과 발목이 그대로 남아 우왕좌왕 돌아다녔어 그때 캔디의 손이 내 머리채를 잡아채는가 싶더니 이런 제기랄 거금 들여 심었던 이식모가 왕창 뽑히고 말았어 울고 싶은 내 심정이야 알 바 없는 캔디는 빗을 들고 태연히 머릴 빗어 내리는 거야 그 빗질에 내 얼굴도 함께 긁히고 있었지만 거울 밖으로 얼굴을 드러낼 수는 없는 노릇 그녀가 빗에 묻은 내 피 냄새라도 맡는 날이면 남은 머리칼마저 마저 뽑히고 말 거야 내친김에 목째 뽑아버릴지도 몰라 문은 아직 그녀 손에 들려 있고 도망갈 길이 봉쇄된 난 숨이 컥컥 막혀 왔어 아무래도 귀로폐색성질식사란 사인쯤으로 거기 그렇게 박제될 양 싶었어

그때 거울을 찢고 들어온 캔디의 손이

슬쩍, 내 손을 잡아 끌어내 주지 않았더라면
그녀가 정말 무서워지기 시작한 게
바로 슬쩍, 그 순간
등골 마디마디를 더듬으며 치오르는 오싹한 금속성이었다는

거리의 복병으로 나선 꽃

– 청탁금지법이 성매매방지법을 겁탈하면 복상사?

벌과 꽃의 돈독한 거래야 수수만년 지속되어 왔으니 그 거래 속에서 터진 피치 못할 복상사가 어디 한두 번이었겠느냐만, 길거리 꽃들이 그녀들 뱃속에 벌의 씨가 자라고 있다고 날마다 고발질이고 말끝마다 협박이라는 소문이

또 퍼지고 있다 전화기마다 웅웅거린다
문자함마다 삑삑거리고
매 뉴스 전광판마다 회오리가 인다

DNA검사 한 번이면 벌의 피 속에 잠복한 꽃에 대한 간음지수를 단 1% 오차도 없이 잡아낸다는 대명천지에 이 무슨 해괴망측한 생떼일까, 함에도 벌의 입에선 이제 그만 장난을 그치지! 정도의 애써 저자세 반응이라 호기심 더욱 동하는데 벌이 이렇게 비굴할 정도로 꽃을 달랠 수밖에 없는 건 그간의 정 때문도 아닐 테고 바짝 독 오른 저 매혹적 미소 때문은 더더욱 아닐 테니 저들 꽃 아니면 해결 안 될 뭔가가 분명 있다는 건데

꽃 또한 그녀들 억지가 자신들의 도도함에 얼마나 치명

적 자해인지를 뻔히 알 테고 그 도도함이 먹히지 않는 날엔 길거리 잡풀만도 못한 천덕꾸러기로 취급될 게 뻔함에도 그녀들인들 숨겨놓은 뭔가가 없겠냐며 다분히 협박 조다 천연 나비가 멸종위기종이 되어버린 요즘 뒤봐줄 대안마저 사라진 그녀들의 절박함을 알기나 하냐는 분통 조다

거리마다 복병으로 나선 분개한 꽃, 꽃, 꽃들
그 애매愛賣 모호한 입술들이 삼삼오오 모여
치마 밑의 장부를 만지작거리며
항구적 생계보장을 외쳐대고 있다

난 좋은 사람?

– 너의 미덕은 소신공양이야!

퇴근길에 꽃 한 줌 사와 화병에 꽂는다
이 꽃, 얼마나 먼 길 왔을까
차 타고 수백 리 먼짓길을 달려
현기증 자욱한 좌판을 돌아 꽃집에 갇혀
며칠 묵다가 용케도 내게 발견되어
이 방까지 왔을 거다 그 먼 길
날 만나기 위해선 결코 아닐 거다 하지만
색싯집이 색시들의 천국이 아니듯
꽃집 또한 꽃들의 보금자리는 못되지
꽃을 팔아넘기는 매매춘 장소일 뿐이지
난 방금 그 소굴에서 널 구해 데려온 거야
화사한 너의 미소는 그 보답일 거야
여태 고생 많았어 이제 안심해 난 좋은 사람이야!
너의 마지막 여생 내가 지켜줄 거야
만지지도 않을 거야 그저 바라만 볼 게
화병 안에 발 쭉 뻗고 마음껏 몸을 풀어
그간 걱정근심 다 벗어놓고 행복하게 미소나 즐겨
미소야말로 너다운 소신, 너답게
유락唯諾의 미소 봉헌해야지

그래 웃어 활짝

활활 공양해보라고

글쎄 난 좋은 사람, 네 보호자라니까 그러네!

호사다 호사

두어 평 남짓한 경비실에서 쪽잠 깬 趙씨
손전등 하나 들고 길 나선다
여명이 트는 하늘에다 호사다 호사, 중얼거리며
새벽길 연다 평생 일에 찌들어 사느라
신새벽 길 이리 호사스레 밟아본 적 있던가
호사다 호사, 팔도 휘저어보고 어깨도 들썩여보고
우쭐우쭐 다릿심도 늘여본다
반 시간여 여명 맞이 끝내고 나면
아직 남은 어둠의 꼬리를 긴 대비로 쓸어 내는데
마음이 몸보다 먼저 늙어가는 그에게
누가 이 달달한 운동 시켜주겠는가
어이쿠 지지리도 쌌네, 밤새 패인 발자국마다 고인
꽁초며 낙엽이며 잡쓰레기들을
그저 손주 녀석 똥오줌이라 여기기로 한 趙씨
무더기무더기 쓸어 기저귀에 말아 넣고
물 호스 길게 늘여
막 잠 깬 화초의 얼굴들 씻겨주고 닦아주며
애고 요 귀연 녀석, 호사다 호사!

제2부

각

회사 양어장에 빙 둘러 심어진 영산홍이
유월 중순까지 꽃등을 밝히고 있다
양어장 안엔 비단잉어들이 누르락붉으락 사는데
봄부터 등불 밝힌 영산홍과 어울려 아우러져 산다
그렇게 아울러 누리는 저들의 자유는 겉모습일 뿐
수시로 행해지는 가위질에 꽃등의 각은
여지없이 둥글다
여지없이 둥근 각이 어디 저 꽃등만일까
양어장 관리인 朴씨의 월급봉투도 각이 여지없어
양어장 안에 함부로 떠도는 꽃잎은
용서가 되지 않는다
절제된 규율만이 능률적 가치로 통하는 이 양어장에
낙화가 부리가 붉은 새처럼 역광의 날갯짓으로
눈 부시는
반 생산적 서정은
절대로 둥지를 틀지 못한다

* 부리가 붉은 새 : 백무산 시인의 시.

김치의 맛

천형의 배고픔은 이미 떠나고 극적 입맛만 기억하는 목구멍으로 소금기 빼낸 김치에 밥을 싸 먹는다 소금 간 간간하게 밴 새우젓 두어 마리 얹어서
돼지 비곗살 네댓 토막에 철 지난 김치의 신맛을 썰어 넣으면 찌개의 얼큰함으로 변신하고, 삭힌 홍어 살을 시큼한 묵은지로 쌈 하노라면 도톰한 코끝 맛이 한껏 유유해지기까지 하는

별나고 별난 맛의
난장, 난장들
이 난장칠 맛의 오묘한 깊이를
우리 배달민족이 아니고서야
어찌 가히 알까

김치의 맛은 무 배추의 알토란 맛이 아니다
자린고비 소금 맛도 아니다
옹고집의 겨울 맛도 아니다

오히려 늦봄 같은
숨 끝이 순순해지는 입선入禪의 맛이다
불신과 적개심으로 생강마늘고추 범벅인 세상에
화해를 수행하는 해탈의 맛이다
과욕, 편법, 이기, 만용, 아집, 등등 우리의
잘못된 식탐을 순화하는 달관의 맛이다

반만년 곰삭은
배달의 철학, 배달 혼의

숨이다 지문이다 그 웅숭깊이다

광어

– 故 백남기 선생 영전에

그 날도 촛불로 도심을 온팍 불사르고 오던 밤이었다 이미 자정이 넘었지만 행렬에 동참한 열기가 가게마다 성황이어서 우린 겨우 어느 허름한 횟집에다 자리를 잡아야 했는데

이런 날은 도다리를 뼈 째 썰어 먹는 새꼬시여야 한다는 쪽과, 얼마 전 운명하신 광장 어르신의 소천식을 겸해야 한다는 쪽으로 나눠 옥신각신했으나 결국 후자의 포레족 전통의식을 행하기로 타결 보았으니

쟁반 상여에 담겨 나온
오롯한 광어, 참 넓다 참 넓기도 하여
떠나면서까지 풍요로운 보시를 행하시는
광장 어르신의 대자대비 옆으로 비장하게 둘러앉은
동지들 눈 눈에 벌써 눈물 글썽인다
오로지 바닥에서 왼쪽만 바라보며 살아온 일생의
슴벅슴벅한 눈에선 아직 결기가 넘쳐흐르고
굳게 다문 묵적의 입에선
포기하지 마라! 져주지 마라! 기어코 이기리!

생전의 구호들 선연하다
결코 닫지 못할 저 큰 귀로는
우리들의 조곡 낱낱 듣고 있음을 알기에
혀끝에 씹히는 살점 살점의 맛이
도다리 가시 맛보다 아프고 쓰라리고 뻐저리다
누가 제 아비의 살점을
이토록 뽀도독뽀도독 씹어 먹어야 하나
찢고 찧어 달게 삼켜야 하나
고추냉이에 발린 눈물을
어항 속 도다리가
숨어서
숨 졸이며 보고 있다

* 포레(Fore)족 : 죽은 이의 용맹성을 기리기 위해 친족에 대한 식인풍습이 최근까지 성행해왔다 전해지는 남태평양 파푸아뉴기니의 한 부족.

티눈

발바닥 굳은살이
살 속으로 파고들어
도저히 걸을 수 없게 되고서야

알았네

내 밑바닥에 잠자고 있던
없는 듯이 감겨있던
이미 퇴화한 걸로 착각했던

바닥의 눈에

핏대가 서서
틔눈 하게 되면
얼마나 무서운지를

너의 왼쪽

거울 앞에 서면

보인다
오른쪽이었던 내 팔이
왼쪽 팔이 되어 있음을

너의 왼쪽,

누군가에겐 오른쪽이다

논두렁 풀을 베면서

– 땅의 권리장전

퍼렇게 자란 논두렁 풀을 벤다
벤다는 건
살생본능의 적개심을 노골적으로 분출하는 일

죄뿐인,
부실부실 죄밖에 키우지 못한,
죄 많은 풀이
뎅겅뎅겅 목이 잘려
의문의 변사체가 된다

무리 지어 남의 영역을 함부로 침범한
특수주거침입죄,
합법적으로 군림하는 주인의 권위를 도모하려 한
모반반역죄,
땅의 질서를 문란케 만든
내란선동죄까지 더해져
너희 모두는 가차 없는 극형, 능지처참이니라

본디 이곳, 너희 땅이었다는 따위 항변치 마라
나는 내 이름이 박힌 토지등기필증과
꼬박꼬박 바친 납세영수증만으로 내 권리는
충분하고 완벽한
요새 위 철벽 장전이로다

봐라! 쌀이 되고 밥이 되어야 할
위민爲民의 법, 구민救民 장전이
무소불위 총부리가 되고
신성불가침 권좌가 되는
이 땅의
초월적 땀 비린내 앞에선 이마 위 바람도

저리 맹렬하잖느냐 시취 덮겠다고 동원된
안달복달 부채질이
꼭 북 광장에 운집한 시뻘건 박수 행렬 같구나

화해

산에서 붉혔던 물은 강에서 화해하고
강에서 붉혔던 물은 바다로 가 화해하는데
거친 태풍의 밤이 지나고
눅눅한 지하에서 끄집어낸 생활 폐품들이
재활용품 트럭에 실렸다
그 트럭을 따라 화해를 종용하러 가는 길에
바다를 보았다
상처로 넘쳐나는 바다
하룻밤 사이 재앙의 섬이 되어버린 바다
거기, 화해의 길이 아닌
되레 덫이 되어 자랄 잘못 들어선 미아들
트럭에 실려야 할 냉장고며 티브이며
안방 침대까지 그들이
울다 울다 목이 쉬었다 눈이 퉁퉁 부었다
부르튼 입술들, 피눈물 뚝뚝 떨구며
외쳐대는데

화해! 화해! 화해!

이들이 외치는 화해가
和解가 아닌 火海는 아니겠지?
자꾸만 북쪽 하늘로 눈꼬리가 휜다

엄숙한 손

우리 윗대 산소에는 잔디보다 잡나무들이 늘 성하여 벌초 때마다 풀 베기가 아닌 나무 치기가 일쑤였는데 올해 한식엔 마음 벼려 먹고 자손들 죄 모여 잡나무 캐내는 대공사를 벌이기에 이르렀다 곡괭이 삽 낫 톱 손도끼까지 별의별 흉측한 장비들이 다 동원되어 봄볕에 옹알이하던 나무들은 하루아침에 날벼락을 맞아야 했으니 삶터를 잃는 정도가 아닌 아예 목숨을 내놓아야 할 처지가 된 것이다

그간 우리 성가심이 아무리 컸다 한들 지금 그들
만큼 절박하겠는가
결사적으로 버티던 그들의 몸뚱이는
찢어지고 끊어지고 혈흔 낭자한 아수라장이었다

산 그림자가 내려 덮일 즈음 현장 정리가 끝난 산소 모습에 우리 모두 흡족한 미소로 의기양양했으나 석축 아래 내팽개쳐진 주검들은 아무도 거들떠보지 않았다 나 또한 공무집행이나 다름없는 엄숙한 노동에 등에 박힌 오랜 가시를 빼낸 듯 한껏 후련해진 몸으로 집에 돌아와 땀 먼지

를 씻고 TV를 보는데, 뉴스를 시뻘겋게 덮은 '평택미군기지확정지구강제철거원주민'들의 핏발 선 절규가 가슴을 뜨겁게 찔러 오는 거였다.

외다리 진법

물이 찰박찰박 흘러내리는 샛강 중앙에
학 한 마리, 외다리로 서 있다

강이 굽어져 유속이 만만찮을 텐데 왜 외다리를 고집하는 걸까 물살의 간섭 견디려면 두 다리가 편할 텐데 두 다리라야 날쌔게 치오르는 물고기도 쉬 대처가 될 텐데 그건 오판 쉬 범하는 오해인 거다 한쪽 다리여야 유연성이 높아져 사냥 적중률을 높일 수 있다 그러나 지금은 아닌 듯 이미 배를 채우고 휴식 중인 듯하다 물살을 따라 바람 일렁여도 치오르는 물에 깃이 젖어도 요지부동 선정禪定에 든 꼭 그 모습 같다

그러던 그가 낯선 시선을 눈치챘는지 고갤 빼 날 흠칫 쳐다보고는 재빨리 다리를 바꾸었다 생존의 원리란 다 그런 거 한쪽 집게발이 일방적으로 큰 수컷 농게처럼 평생을 편향으로 산다는 건 얼마나 피곤할까 독선도 무능도 아닌 적절히 균형 잡힌 자유와 번영을 지속하여 누리자면 좌우 다리를 바꿔야 할 타이밍을 결코 놓쳐선 안 될

학 한 마리, 외다리로 서 있다
물이 찰박찰박 흘러내리는 샛강 중앙에

문수사 오르는 길

문수사 오르는 길, 낙엽이 자꾸 내 발 걷어찬다 나도 한 때는 불가항력의 벽을 향해 머리부터 들이밀었던 적 있었지 이마가 터져 줄줄 흐르는 피를 승전의 전리품으로 여겼던 적 있었지 그렇다 저 낙엽은 지금 전리품을 챙기기 위해 자꾸 내 신발 밑으로 기어들고 나는 그의 어리석은 객기 막기 위해 비켜서 걷는다

얼마나 올랐을까 목탁 소리 가까워지고 낙엽도 수행이 된 듯 옆으로 비켜서 서는데 계단을 오를라치면 단 아래까지 내려와 넙죽 엎드리기까지 한다

머리 위로 저만치 절이 보일 때면 길은 더욱 가팔라지고 절로 수행이 되어 납작해진 발걸음으로 한 발 한 발 층층돌 밟고 올라 대웅전에 이르면 마당귀에 뒹구는 낙엽들 모두 등이 굽어 있음을 보게 되는데 부처 앞에 경배 일삼다 보면 어찌 그들인들 허리가 굽지 않겠냐 싶다 나도 그들과 함께

다소곳 합장 예 올리고 돌아 나오는 길에 물 한 종지 얻어 마시노라면 공양간을 기웃대던 사미승 바람이 쫄래쫄래 달려와 제 소매 깃 펴서 이마를 닦아준다

* 문수사(文殊寺) : 울산광역시 울주군 청량면 문수산(文殊山, 해발 600m)의 8부 능선에 위치한 사찰.

낙엽은 사선으로 진다

한창일 때는 하늘만 우러러
내 몸 허공에 떠 있는 줄 까맣게 몰랐었는데
그러니 현기증도 당연히 몰랐었는데
하늘의 눈빛 돌연 써늘해져 시력이 쇠하고
기억도 차츰 흐릿해져
아아 떨어질 날 가까웠구나 이제야 시선 내리깔고
아래를 보니 전신으로 번져오는 현기증에
몸 가누기조차 힘이 겹구나
저 아래 땅을 기며 아장거리던 유년의 기억이
땅거미가 되어 스멀스멀 기어 다니는데
그간 이 높은 곳에서 어떻게 산 건지 꿈만 같아
도무지 겁이 없었어 겁도 없이
수직으로의 욕구만 꾸역꾸역 쌓아 올린 거야
현기증의 높이만큼 떨어질 것을 걱정해야 하는
이 지경에 와서야 과욕을 깨달아
그간 쌓아 올린 수직선을 사선斜線으로 허물며
진다… 진다… 수평선 되어 드러눕는다
다소곳 사선四禪의 품으로 입적한다

사랑니 뽑던 날

며칠 밤을 끙끙 앓아대다가
앓던 이
기어이 뽑아낸다
조금만 더 견뎌보자고
조금만 더 기다려보자고
참다 참다 지친 아침
찌릿하게 주삿바늘이 꽂히고
뿌지직- 친숙했던 나의 일부가 뿌리째 뽑혀나간다
뽑혀나간 그 자리 꿈의 신대륙은 보이질 않고
피를 막고 앉은 솜뭉치 사이로
찬바람만 생경하다
그래, 멀쩡한 생니도 뽑는 세상인데
괜찮아 괜찮아 목멘 눈물이
엉금엉금 목구멍을 기어 넘는다

앓던 사랑 뽑느라
꾸–욱
인감도장 찍어 누르던 날

빨래

다시 살아보자더니
다시 시작해보자더니

왜 때려
왜 물고문이야
목은 또 왜 비틀어대는 거야
탈탈 털어버리자면서 훌훌 잊어버리자면서
그 말 채 날아가기도 전 오랏줄에 매다는 건 또 뭐니
바람이나 쐬라고 꿀꿀한 기분 햇살에 말리라고
너의 애정은 늘 이런 식이지
거꾸로 매달아 게워져 나오는 내 과거를
넌 은근히 즐기더라고
그 악취미까지 넌
사랑이라 빡빡 우기더라고

층간소음

허방에 금 그은 외줄 위에
서로 한 발씩을 걸치고
각자의 곡예에 빠져 외대는 공징이 소리가
내 귀에만은 난입하지 않기를 바랄 뿐
너의 땅이 갈라지면 나의 하늘이 젖는다는
구조적 청천벽력까지 난동하는 통에
하루아침에 지구의 양 극점으로 압송된
우리, 빙산의 위아래 아슬아슬 들붙어 살게 된
우리, 그래 너와 난
위 아래층에 맞붙어 사는
우리가 맞지?
사방 불통 먹통의 빙옥 속에
꼼짝없이 구금된
우리(cage) 속의 우리(we)들!

* 공징이 : 죽은 아이 귀신이 내려 이상한 휘파람 소리를 내면서 점을 치는 여자 점쟁이.

황당한 관성

– 주유소 계기반 앞에만 서면

탄력을 빼버린 고무줄의
한번 늘어났다 하면 다시는 줄어들려 않는
황당한 관성을 겪어본 적 있는가
(비만을 불역不易할 때의 팬티가 그러곤 하지)
탄력이란 본디 감시의 근력이 느슨해진 틈을 기다려
그 틈으로 노략 근성이 발동되는 교활한 생리
그래서 감시의 눈이 더없이 탄탄해야 하는 법인데
여기저기 걸린, 뭔가에 찔린 듯 꿰인 듯 퀭한
그 눈깔들, 모두 가짜? 모두 한통속? 탄력을 빼내
갈라 먹는 한 식구? 그러지 않고서야
이 훤한 백주 도적질이 어쩜 저리 공공연할까
봐, 봐, 입 출구에 도열 된 저, 요란 무쌍한 수치들
보란 듯이 위장된 수들의 저, 저, 시커먼 조합
7대3일까 6대4일까 귓속 짬짜미로
교잡 교란된 관성의
황당한 분배율이 보이는 거 같잖니?

사윗감 구합니다!

말 하 자 면,

—듬직하고
—용감하고
—민첩하고
—실속있고
—글로벌한

사위를 원합니다!

검은 속 통 안 뵈는 듬직한 남자
남의 이목 겁내지 않는 용감한 남자
이 나무 저 나무 가리지 않는 민첩한 남자
내 것 안 내놓고 남의 몫 잘 챙겨오는 실속형 남자
나랏돈 떼먹고 미련 없이 조국 버릴 수 있는 글로벌한
남자—를.

걸레

작가마을시인선32 · 정 소 슬

제3부

덧베개

저녁부터 고민이다

내일 아침 머리를 감아야 하나, 말아야 하나

하나뿐인 화장실 탓에 체증이 심한 우리 집의 아침은 늘 북새통인데 이틀에 한 번씩 머리를 감아온 오랜 습관에 하루 더 끼어들면 안 그래도 바쁜 가족들에게 누가 되고 괜히 손해 보는 기분이 든다 길 좁아지는 병목 지점에서 옆 차선 차가 무가내로 끼어들 때, 노상에서 내 권리를 늑탈 당한 그런 더러운 기분 같은 거,

이따위 고민을 왜 저녁부터 하고 있는지 나도 때로 갑갑하지만 자꾸 심해져 가는 건망증에 아침부터 우왕좌왕 않기 위한 내 나름의 궁여지책인데 베개 위에 내일 할 일들을 조목조목 깐 덧베개를 만들어 그걸 베고 잠들어야 편안해지는 요즘

내일 아침 머리를 감아야 하나, 말아야 하나

저녁부터 고민이다

유년의 밤길을 다시 걷다

내 유년엔 밤길 걸을 때마다 숫자를 세곤 했다 길 잃지 않기 위해서보단 잠을 쫓기 위해서였는데 어른들과 같이 걷는 밤길도 무섭긴 마찬가지여서 숫자의 손목을 놓치지 않으려 안간힘 해야 했다 당시 막 깨우친 숫자놀이는 돌탑 쌓는 거나 마찬가지여서 자칫 하날 잘못 얹기라도 하면 와르르 무너지고 마는

그러다 한번씩, 헛발 디디듯 깜박 졸곤 했는데 그럴 때면 무너진 숫자 더미에 깔린 내 몸 위로 산등성의 별들이 도깨비불로 덮쳐와 와글와글 태우는 끔찍한 환상을 겪어야 했다 더구나 그런 날은 제사 지내고 오는 밤이 대부분이어서 일면식도 없는 윗대 조상들은 그저 빨간 뿔 달린 도깨비 귀신일 뿐이었다

그런데 내가 요즘 그 도깨비 귀신 놀이를
또 밤마다 하고 있다
잠과 싸우기 위해서가 아닌
잠과 친해져 보려 혼야애걸 혼야애걸 말이다

젖 갈피

빼곡한 빌딩 사이 손바닥만 한 소공원에
두 개의 갈피가 접힌 책을 들고 나타나곤 하는 그녀는 긴 줄무늬 스타킹으로 감싼 다리를 벤치에 비스듬히 꼬고 앉아 책을 읽기 시작한다 접힌 또 하나의 갈피에 다다를 즘이면 이제 갓 백일이나 될까 한 아이를 안은 남자가 나타나 그녀가 가슴 여는 걸 보고 아이를 건네준다 그때마다 내려다보는 그녀의 젖가슴은 참으로 곱고 아름답다 아이가 아니었던들 이 환한 대낮 그녀의 가슴살을 이처럼 군침 돌게 바라볼 수 있었을까 곱디고운 백옥의 젖가슴을 아이가 비우는 동안 건네받은 책을 그가 읽기 시작하고 그녀는 방금까지 읽은 줄거리를 아이에게 웅얼웅얼 들려주고 이슥고 가슴에 고인 이야기를 다 빨아먹은 아이가 얼굴을 뗀 후 트림을 두어 번 하고 나면 그는 책장을 곱게 갈피 접는다
그 갈피가
그들의 다음번 젖 약속이었다

감꽃 떨어지던 날에 내가 한 일

봄이 통째 휘청거리고 있었다
치마도 안 걸친, 요요한 꽃 풍문 하나로 봄 햇살을 독식한 것들 매화진달래개나리목련벚산수유노루귀복숭아살구조팝이팝… 하고 많은 그 꽃년들이 봄기운을 몽땅 빨아먹고 나면 오죽했으랴 부치는 힘을

하늘 한 모금 강 한 모금으로 겨우 목만 축였는데 그만 배불러 버린, 가랑이 사이 몰래 기저귀 차고 하얗게 앓아대던 꽃이 있었으니
그러다 찔끔 한 방울 오줌과 동시에 까무룩 해우소 아래 아랫도릴 빠뜨리고 마는

나는 훌러덩해진 낯빛의 그 엉덩이들을 올려다보며 가없이 침 꼴깍이곤 했었는데
깜박 하룻밤만 자고 나면 감나무 아래엔 고년들의 오줌지린 기저귀가 헤아리기 힘들 만큼 수두룩했으니
내가 한 일은

고년들 기저귀를 일일이 주워
지푸라기 기다랗게 끼워서는 툇마루 기둥 볕에 보송보송 말려주는 일, 그 일만이
유일한 내 일이었던
날마다 뽀얀 숨소리로 오금 저리던 때가 있었다

헐렁한 옷 즐기기

이삼십 때까지 꽉 죄는 옷을 즐겨 입었던 내가
마흔을 넘어서면서부터
헐렁한 옷을 즐기기 시작했다
날로 망가져 가는 몸 매무새 감추어주고
풍성함 보태어주는 매력일 테지만
고백하자면 헐렁한 옷 틈으로 드나드는 바람에
묘한 쾌감을 느껴서이다
자연과의 은밀한 연애를 즐기기 시작한 거다
옷도 그걸 안다 내가 늦바람났다는 걸
그래서 속에서 벌어지는 내밀한 일들
감추고 덮어주느라 난데없이 분주하다
한 발 앞 드리워 걷고
따르는 그림자 뒤처질까 봐
그까지 둘러업고 덜렁대느라
헐렁하기 짝이 없는
괴괴망측한 소문을 흘려놓기도 한다

자목련

어머니 홀로 사시는 고향 집 안마당에
올해도 어김없이
백목련 가지마다 어머니 갈아 신으실
옥 버선이
함박함박 피었습니다

저 만큼이면

올 한해 거뜬히 신고도 남을 듯합니다만
흰 것뿐인 것이 눈에 자꾸 걸립니다
내년에는 저 옆에다
자색 버선나무 하나 더 심어
갈아 신으시기 심심치 않게 해드려야겠습니다

홍매

출근하는 길, 자꾸 아는 체다
바쁜 길 막고 서서는
이웃 간에 인사라도 나누고 가야지, 투정한다
잠깐 눈 맞춤이라도 하고 가, 아양질이다

며칠 전 그녀 두꺼운 외투 차림이더니
그새 외투를 벗어 던지고 목도리도 벗어 던지고
셔츠 하나만 살짝 걸쳤나 싶었는데
다가가 보니
옷깃 사이 볼그레 속살이 삐져나왔네

어이쿠 이 일을 어째? 다 뵈는 집 앞인데

그것도
이
버 얼 건 대낮!

빈 꽃가지 아래

아침 출근하다 보니 꽃나무가
돌연
빈 가지다
한철 뜨거웠던 격정이
식간에 져서
어느 바심 난 새벽 빗질에
종적조차 유기된 모양이다

빈 꽃가지 아래
이랑 진 빗자국이
지하로 내린 영안실 계단처럼

덜
　　커
　　　　덩

서, 럽, 다.

할미꽃

그녀는 지금 저승앓이 중인데
곱다! 예쁘다! 아름답다! 난리다
온몸으로 신열이 번져
얼굴에 돋은 저승꽃을 보고

세상이 밝아졌다고

눈이 환해졌다고

봄이라고

환장할… 뭐 불륜, 늦바람이라고??

심상찮다, 봄

싸리비 길게 잡고
꽃이 낸 길을 너슷너슷 지우고 있는데
옷깃 밑으로 드나드는 바람이 심상찮다
이미 꽃바람이 아니다
비린내가 도를 넘어섰다
파장의 어시장에서도 이런 비린내가 났다
암 말기이던 할머니에게도 이런 살내 진동했다
생의 앞뒤를 뚫어
이승 저승 자유자재 드나드는 향불같이
봄여름가을겨울이 시나브로 내통하여
물컹물컹해진 꽃향기가
내 소매 밑을 더듬는다 슬금슬금 파고들더니
가슴팍에 와 드러눕는다
수줍음의 옷고름 풀어버린
희붉은 화냥기의 그녀
심상찮다, 봄!

가을 염문

새벽바람이 제법 차갑더군요
오솔길로 들어서자 길바닥과 나뭇가지 사이
오돌토돌 소름이 돋았더군요
돌아앉은 잔가지 하나라도 건들라치면
기다린 듯이 울컥 눈물을 쏟더군요
난 아니야 임자 있다고 그 변명은 모두
헛수고였어요
이마며 볼에 뜨끔한 입술이 지나 갔어요
칼칼한 탄식이 내 목덜미를 부둥켜안았어요
다급한 목소리로 묻더군요 사랑을 믿느냐고
정말 사랑의 맹세 따윌 믿느냐고
등 써늘해 오는 그 물음에 난감해져 버린
내 발걸음, 부랴부랴 돌려
허둥대는 등 뒤로
팔랑귀의 비웃음 소리가
팔락팔락 따라오고 있었다오

월담月談

은근달짝한 그 눈빛으로 못 넘어설 담이 있을까
나는 아예 담을 없애고 사네 활짝 열어놓고 사네
오늘 밤도 거침이 없네 나긋이 창 넘어와 옆자리
턱하니 눕네 오랜 연인같이 내 팔 당겨 베개 삼네
건너에 누운 아내가 등 돌려버리는 것이야
어쩜 당연하네 나라도 그리 하겠네
내 볼 어루만지는 손길 어찌 빤히 지켜볼까
서슴없이 가슴으로 치닫는 손더듬 차마 못 견딜걸

그녀가 날 찾는 밤이면
온 방 안에 그녀의 살 냄새 불콰하게 진동하고
교교한 신음이 창을 넘네
몽몽한 야상곡으로 자우룩이 번져나가네

그런데 말야 내가 야근으로 이 침댈 비우는 날이면
그녀, 턱시도 한 남장으로 나타나 아내 옆에
거침없이 눕는다는 걸 나중에야 알았네
한참 나중에야 야릇한 그녀 성 취향을 알아차렸네

우가포 여인

우가포 어느 작은 횟집에서
홀 중앙에 놓인 난로에
여인의
연탄 가는 모습을 한참이나 지켜본 적 있었다
새 연탄 들고 오면서
거기 뚫린 구멍 수만큼 자신의 가슴에 난 구멍을
들여다보았을 듯한 여인의 눈빛
캄캄한 그 눈빛으로
이미 난로에 들어가 앉은 내 눈구멍 속에다
그녀 숨구멍을 맞추려 안간힘하고 있었다

이윽고 그녀가 주방에 들어가고
훈기가 돌기 시작한 난로에서
볼그레 살 오른 눈알을 꺼내 밖을 내다보았을 때
허연 눈발이 그녀 한숨인 양 흩날리고 있었고
그 한숨에 그만 내 허기가
캄캄한 그녀의 비통 속으로 빠져버렸고
그녀가 쥔 회칼이

자신의 목을 끊어내는 다급한 소리에
내 돌아갈 길이
도마뱀처럼 꼬리만 뭉뚝 잘라놓은 채
가마아득 멀어져가고 있었다

* 우가포(牛家浦) : 울산시 북구 당사동에 있는 작은 어촌 마을.

그녀의 카섹스

액셀러레이터를 지그시 누를 때마다 그녀의 차는 앓는 소리를 낸다 한적한 커브를 돌 때엔 목청 높여 소프라노 소프라노 교성 질러댄다 붐비는 길목에서도 민망한 신음 숨기지 않는다 골목 감속방지턱을 오르내릴 때면 더 요상한 소리로 포르테 포르테 포르티시모 그녀를 철렁거리게 만든다

어쩌란 말이냐, 부끄러움이란 부속이 달아나버린
그녀의 차

헌데 정작 그녀는 그 소리가 면구스럽지도 않는 듯 자극적 촉감의 속옷이라도 걸친 듯 슬며시 입술이 벌어지고 숨소리 점점 야해진다 옆으로 요란한 소음의 스포츠카라도 지날라치면 숨소리 발랑 벗겨져 마치 발정 난 암고양이 같아진다

도로의 요철이 심할수록 커브의 각도가 거칠수록 차가 성질부릴수록 밤이 이슥해갈수록
희열하는 그녀, 숨소리가 깊어지는 그녀,

소낙비 와장창 쏟아진 어젯밤엔 아예
가랑이에다 물침대를 끼우고
오르가슴 내리가슴 광란의 진창을 질주했단다
홍키통크~ 홍키통크~ 환락의 밤을 종단했단다

* 홍키통크(honky-tonk) : 재즈가 생겨날 무렵 뉴올리언스의 싸구려 술집에서 연주하던 외설적인 재즈 음악.

디지털카메라

벌거벗은 남자가 여자의 나신을 찍고 있다 벌거숭이 그보다 더 발가벗은 음경이 거웃 밑에다 야수 본성을 숨기고 게슴츠레한 애꾸눈으로 어슬렁거린다 지금은 그녀를 침탈할 생각 추호도 없다는 듯 그저 딴청이다 그러나 언제 돌변할지 모를 그의 저돌적 공격성을 너무 잘 아는 그녀는 자꾸 더 긴장하고 그럴수록 투심에 옴포동 옴포동 근력이 돋아 하시라도 그를 베 눕히고야 말 잘 벼려진 가윗날임을 과시해 보이고자 다리의 각을 한껏 세우게 되는데

차르르 찰칵
차르르 찰칵

주둥이도 아닌 것이 주둥이인 양 가공된 저 디지털 보이스가 이렇게 야하게 들린 적 있던가 함께 터지는 플래시 불빛이 오목한 손바닥으로 그녀 음부를 쓰다듬는다 호기심 많은 아이 손처럼 이곳저곳 매만진다 그러다 쓰윽 밀고 들어가 궁실 안을 훑는다 애초 거기가 자기 방이었음을 기억하는 걸까 구석구석 더듬어보고 비벼도 보면서 추억에 잠기는 듯하다 그렇지 고향엔 추억이 많지 덮어두

고 한 번도 꺼내보지 못한 비밀도 많지 혹 그것들 주둥이가 근질거릴까 봐 입구에다 서로 어깨를 걸어 구불구불 보초 세워두었지 시커먼 그 눈총들 피하느라 게슴츠레 얇아진 렌즈 화각畵角이

쿡쿡 그녀를 찔러댄다 비밀을 또 하나 만들어 보면 어떻겠냐 졸라댄다 어차피 이들의 정사는 인포커싱이든 아웃포커싱이든 버젓한 기념사진으로 내걸 수는 없잖은가

몸이 달수록 줌이 당겨질수록
더 후미져 갈밖에 없는
Digital의 음란한
속살, 노출과 심도 간의
액정화 된 밤이 차르르 차르르 파노라마로 쌓인다

농담 19禁

금값이 천정부지인 이 시대에 19금이 왜 이리 흔하게 돌아다니는지 시중엔 19금 15금에 새파란 12금까지 날마다 바겐세일 폭탄세일 바라바리 쏟아지는데 내가 17금 반지로 혼인을 서약했던 당시 내 순정은 어느 정도의 순도였을까 아내는 속은 기분 여태 못 지우고 살고 있다 닦달하기 일쑤인데

19금, 15금, 12금, 그 차이는 대체 뭘까 그 란제리가 그 란제리 같고 그 T팬티가 그 T팬티 같던데 혹시 레이스가 달렸나 안 달렸나 그 차이일까 아니면 색깔의 선명성이나 정권과의 밀착도 따위로 가름 짓나 아무리 봐도 시대의 괄약근 역할을 제대로 하는 거 같진 않던데 말야 19금 판정 하나면 급소를 틀어쥔 그들만 매출 대박 팡팡 터트린다니, 헉!

그런데 정작 금은방에선 19금이니 15금이니 그런 등급 아무 소용없다더군 마우스 꼬리마다 끄잡혀 다니는 신분증 번호 하나만 끊어 가면 진품확인서 팍팍 떼 준다더군 그럼에도 순도 단속한다며 금은방 밀실을 수시 들락거리

는 경찰들 그들 옆구리에 찬 권총은 총알 제대로 나가는 진품은 맞나 몰라 뒷골목에 떠도는 얘길 듣자 하니 미리미리 뒷돈 장전하는 착한 가게들에겐 뿅뿅 장난감 권총 들고 순찰 돈다지 뭐냐, 시쳇말로 헐이다 헐!

어때, 오늘 기분도 헐헐한데 영화나 한 프로 땡길까?

주요 부위 죄 거세된
미심쩍은 순도의 영화관엘 가느니
안방 P2P에서
대한뉘우스 없는 해적판 포르노로 말일세

* P2P : 'Peer to Peer'의 약자로, 개인 대 개인 간의 컴퓨터를 통해 각종 정보와 파일을 공유하는 방식.

걸레

작가마을시인선32 · 정 소 슬

제4부

할머니의 리어카

리어카에 폐지를 싣고 가던 할머니
길가에 대인 관광버스에 길이 막혀
버스에 오르는 행락객들을

……알록달록 쳐다보고 섰다

……물끄러미 쳐다보고 섰다

……하염없이 쳐다보고 섰다

관광버스는
유치원 버스라도 되는 양 조잘조잘 소란스럽고
할머니의 길을 언제나 비켜줄지
도무지 철이 없다

욕설도 힘이 남아돌 때나 배설된다는 걸
저 젊은것들이
용케도 눈치 채고 있는 모양이다

민들레

노인정 담벼락에 웅크리고 앉은 崔씨 노인,
요리조리 비켜 앉아가며 갓 움 틔우기 시작한
민들레와 흥정을 벌이고 있다
한 해만 더 햇살을 나누어 가지면 안 되겠느냐고

애걸복걸에 가까운 그의 흥정이 정오 때까지 계속된다 정오면 무료배식 하는 복지회관 지하로 가야 한다 그가 평생 가꾼 회사를 아들에게 넘기기 전까지만 해도 이렇게 미물이나 다름없는 민들레와 생존을 걸고 흥정해야 하리라고는 꿈에도 생각 못한 일이었다 노인은 노상 그것이 후회스럽다 아들에게 기대기로 결심한 때가 왜 하필 그때였는지

아들은 IMF 환란이라는 초유의 파도에 아비의 은덕 누릴 새도 없이 무너져버렸다 그 후 종적조차 없다 와중 아내마저 쓰러져 떠나고 말았다 그도 따라가자고 농약을 마셨다 열흘 만에 깨어나 보니 병원이었고 그가 살던 집은 주인이 바뀌어 있었다 그런 그에게 거처를 내준

노인정 담벼락에 웅크리고 앉은 崔씨 노인,
오늘도 민들레의 눈치를 살펴가며 해에게 슬쩍
물어본다 하늘의 광 속에
그에게 줄 햇살이 얼마나 남았는지를

전지

실직 5년의 통한을 털고 일용직 시청 공무원이 되었다는 李씨, 기다란 전지가위 들고 사철나무를 자르고 있다 각진 도로 모습에 맞춰 싹둑싹둑 각을 만들고 있다 결코 덧남을 허용하지 않는, 돌출은 곧 퇴출이라는, 기이한, 그러나 이미 평범해져 버린 이 거리의 등식이 李씨의 어깨를 무시로 짓눌러 오는데

5년 전 잘 다니던 회사의 전지작업에 잘려 이 나무들처럼 길거리로 나앉게 된 李씨, 시뻘건 띠 함께 두르고 복직을 외쳐대던 그때엔 이 나무들도 동지였다 든든한 응원군이었다 그러나 지금은 동지도 응원군도 못 된다 오로지 적이고 밥이고 아이들의 공책이고 연필이고 밤마다 홀짝이는 술이다

아무리 가위질을 잘하려 해도 선이 비뚤다 자꾸 토라져 눕는 李씨의 심사처럼 비뚤다 그 선 바로잡노라니 잘린 나무들이 저항한다 그 저항들은 차가 지날 때마다 허연 뼈가 드러나고 쭈뼛한 아우성으로 쪼개져 사방팔방 백산한다 그렇게 거리의 공포를 살포하며 가는 차, 그들은 모

조리 장갑차다 그를 향해 무자비 지랄탄을 쏴대던 페퍼포그다 어느샌가 그의 손에서 인 매캐한 전율이 온 거리를 감전시킨다

* 페퍼포그(Pepper Fog) : 다연발 최루탄 발사기가 장착된 시위 진압용 가스차. 일명 닭장차.

전봇대

– 때

어느 복지단체 주선으로 때를 거머쥔 尹씨, 국가 공인 공공근로자 신분으로 노숙자 생활 3년이 언제였느냐는 듯 위풍당당 전봇대의 때를 긁고 있다 그런데 그게 만만치가 않다 긁고 돌아서면 또 누가 갖다 붙였는지 공업용 본드까지 발라 붙이는 통에 오 리만 걸어가면 따끈하게 쥐여 주던 그 밥이 수시 그립다

얄궂게도 자신의 때를 尹씨 몸에다 붙이는 그들이나 그걸 긁어내야만 때를 때우는 尹씨나 끝 모를 숨바꼭질이지만, 사실은 그들이 지금 尹씨의 따끈한 때를 지어 바치고 있고 그 온기로 하루를 사는 尹씨도 행인들이 전봇대를 그저 하나의 말뚝으로 여기지 않도록 비지땀 마다치 않는 엄연한 공생 관계다

한때, 집권자의 애먼 한 마디에 기업의 발목이나 잡는 공적公敵으로 낙인 되어 모조리 뽑힐 위기를 맞았던 그 전봇대가 하루 하루가 절박한 이들의 때를 배양시키는 어엿한 사회적기업이 되어 있으니 바로 옆 빌딩 시컴번쩍 통유리보다 광난다며 으스대는 尹씨 주걱 칼의 위풍당당을 누가 감히 허세라고만 할까

홰

– 우리 집 반려견 '아리'

퇴근하여 집으로 오는 늦은 밤길
집 앞 가로등의 핼쑥한 불빛을 보고서야
물밀 듯 피곤이 몰려든다
나도 저같이 간두 끝에 매달려 거꾸로 달랑대는
한 줄기 파리한 불빛에 지나지 않으려니 생각에
다릿심이 스르르 분해된다
가로등 아래가 온통 그가 흘린 노란 눈물이듯이
내 앞자락도 노랗게 얼룩이 배여
터덜터덜 문 앞에 당도하면
내 들어가 누울 관 속의 부장품을 확인 하러 드는
심정이 되어 더듬더듬
대문의 구멍에 키를 꽂아 돌리게 되는데

순간, 안에서 달려 나온 초롱 시큼한 눈망울이
심장 아궁이 깊숙한 홰에다
공! 공!
부싯돌을 긁어대기 전까지는

* 아리 : '사랑하는 님'을 일컫는 우리 민족 전래 고어(古語).

전문가

金씨가 누렇게 바랜 세월을 잘라 봉투를 만든다

한때 사람의 명을 쥐락펴락 서슬 퍼랬을 활자들이 세월에 늙어 고분고분하다 그의 다리만큼이나 힘이 풀린 신문지, 그걸 4등분 할지 8등분 할지에 이르러 유독 소심스러워지는 그는 그 분야의 전문가다 산간벽지 버려진 땅을 두부모처럼 잘라 대박의 금싸라기라 팔아온 그, 그는 그 금싸라기 때문에 늦은 나이까지 감옥을 제집처럼 들락거렸지만 그 일이 천직이었다고 아직도 자부하는 표정 역력한데

평생 그의 소신이었던 '한 대목'과는 거리가 먼 이 일 역시 옛일의 연장선상, 세간세속에 방치된 두멧골 오지를 환상의 유토피아로 둔갑시키는 무신무의의 활자들, 대박에 눈이 삔 그 활자들을 다독여 세상 무엇이든 주워 담을 양 싶은 야성의 봉투를 만든다는 건 가히 옛 못지않게 가슴 쿵쾅대는 일임이 분명하다 그래서 오늘도 金씨는

때깔 고운 사과 배보다 가슴 물컹한 군고구마보다
백 배 천 배는 더 화끈하고 더 집요하게

세상을 통째 꿍쳐 넣을 꿈의
대박 봉투를
손바닥 부르트도록 만들고 또 만드는 것이리

껌

공원 벤치에 비스듬히 기대앉은 孔씨, 우무럭우무럭 껌 씹던 턱으로 그 앞 한 시간 째 대져 있는 택시를 바라본다 오늘 비번인가? 무료한 궁금증에 싫증이 날 즈음 옆 벤치에 없는 듯이 앉아있던 한 남자가 일어서더니 孔씨에게 다가와

껌 하나만 얻자 손을 내미는데 올려다보니 일흔은 넘으신 듯하다 그러고 보니 저 택시도 꽤 나이 들어 보인다 행여 마지막 껌임이 들킬까 두 손으로 공손히 건네자 겸연쩍게 받아 물고는 옆자리 앉으시는데

어르신 혹시 저 택시? 고개 끄덕이신다
오늘이 비번? 그건 아니라신다 통 손님이 없어
대낮 열기도 피할 겸 여기 왔다 하시는데

둘이 나눠 앉은 이 늙은 벤치나 어르신의 저 택시나 따분하게 손님을 기다리는 건 매한가지, 하는 일도 품을 내주는 일 외 마땅히 다른 일은 없을 테고 단맛이 빠져나가는 시간들을 느릿느릿 되새김해보는 무의식 반복의 그 일뿐이리

반 시간여나 지났을까 연인 한 쌍이 숲에서 나와 택시에 오르고 어르신은 껌을 뱉어 은박지 말아 쥔 손으로 총총 사라져 갔다 긴 벤치는 다시 孔씨만의 차지, 보다 접힌 생활정보지가 기다랗게 펴지고 아귀에 물려 용쓸수록 더 무기력해져 가는 그의 하루가 우무럭우무럭 저문다

진눈깨비

누군가 하늘을 구겨 쥐짜고 있다
질질 쥐짜진 국물과 툴툴 털린 먼지가 함께 뒤섞여
헛, 헛, 흩날리고 있다
재개발 공고 이후 텅 비어버린 아파트, 그 위로
털, 털, 털, 내리는 비, 아니 눈
사람 하나 안 사는 유령도시가 된 지 벌써 삼 년째
겨울에 시작하여 겨울 둘을 겨우 다독여 보내고
다시 쳐들어온 겨울이 그들 위를 덮었다
호화판 아파트를 호언장담하며
인감도장 받으러 뻰질나게 뛰어다니던 조합장은
수십억 챙겨 해외로 달아나 버리고
이후 나타난 비상대책위원장마저
수억을 꿀꺽한 혐의로 감옥에 들어가 있고
아파트 평수의 두 곱 세 곱 자꾸 늘어나는 부채에
아예 넋을 놓아버린 원주민들
아파트 벽면에 붙은
'주민의 주민에 의한 주민을 위한'이란 현수막이
뜯길 대로 뜯기고 찢길 대로 찢겨
눈엣가시로 펄떡대고 있고

비인지 눈인지 모를, 아니 피인지 눈물인지 모를
진눈깨비가
빚 독촉하는 사채업자의 공갈협박장같이
집집의 빈 대문을 모질게도 두들겨댄다

친구 J

불쑥불쑥 전화 걸어와
내가 널 끊어내면 아프겠니? 너까지 끊어내도 내가 견딜 수 있을까?
그렇게 미리 이별을 연습하던 친구 J

암 선고로 일찌감치 직장職場 끊어내고
즐기던 술 담배 모두 끊어내고
25년 된 마누라까지 끊어내고
자식이야 팔자에 없다니 그 수고 하나는 덜고
마지막 남은 친구들 하나하나 끊어내다가

벌써 내 차례인가, 병원에서 오란다
가니 이미 응급환자 수술실이다 친구들 우르르 몰려와 있고 저번엔 위를 반이나 끊어냈는데 이번엔 장이란다 이승에서 그보다 갑갑한 시간이 있을까 할 침묵이 한없이 길어지자 기다리다 지친 우린 순서를 정하여 늦은 식사를 해야 했다

어디 밥이 넘어가겠는가 애초 술이다 간판이 곱창전문점이니 다른 안주야 없다 곱슬곱슬한 J의 내장이 석쇠 위

에서 몸 뒤틀며 익는다 그래도 술맛은 술맛이다 J 덕에 이렇게 친구들 죄 불러 모았다며 저놈의 카리스마가 정말 부럽다는 친구도 있다 농담이겠지만 농담이니 다 껄껄 웃어넘긴다 술김에 J의 욕도 해댄다 그렇게 예쁜 마누라를 너무 늦게 풀어준 거 아니냐고 그래서 수양자식 하나 못 만들어 우리가 이런 생고생 아니겠냐는 둥 별의별 악담에도 술김이니 다 함께 껄껄껄 웃어넘기고 낄낄낄 맞장구친다

우리 모두 벌게진 걸음걸이로 병실로 올라가는데 보초 서던 친구가 없다 불길한 예감에 핸드폰을 열자

이런 우라질, 영안실로 내려오라는 메시지가 떠 있다 술기운이 확 달아난다

친구 J는 그렇게 우리들을 우라지게 끊어냈다

의사는 암 적출에 실패했지만

J의 이별 수술은 완벽한 성공이었던 거다

그 길로 우리 모두

그의 비석에 새길 상주들이 되고 말았으니

흥

– 신고산타령

닷새마다 열리는 골목 장에 나가서 보았다 오로지 오체투지로만 장바닥을 기어 다니는 남자, 두 다리 대신 타이어를 배 깔아 끄집고 문대며 시장통을 통째 밀고 다니는 남자, 앞세운 좌판 위에는 이쑤시개귀이개손톱깎이수세미때밀이수건 등등 촘촘히 실려 있고 옆구리에 달린 스피커로 그가 뽑아내는 노랫가락이 구성지게 울려 퍼지는데 그의 노래가 아무리 구성지기로 먹먹한 안타까움만 장바닥에 범람한다

그런데, 그런데 말이다 그의 노래가 잠시 멈출 때면 양쪽으로 전 벌인 상인들과 걸쭉한 농담 주고받으며 호탕하게 웃어넘기곤 하는데 과연 저 남자의 곪은 속은 다 어디에다 숨겼나, 그 노파심을 밀치며 건네 온

동동주 한 사발에 신고산이 우루루루 함흥차 떠나는 소리에 구공산 큰애기 반봇짐만 싼다네 어랑어랑 어허야 어허야 데야 내 사랑아

흥이 오른 할머니 한 분 덩실덩실 뒤따르고 삼수갑산 머루 다래는 얼크러 설크러 졌는데 나는 언제 님을 만나 얼크러 설크러 질거나 어랑어랑 어허야 어허야 데야 내 사

랑아

시장통 사람들 너나없이 흥얼흥얼 얼쑤얼쑤 공산야월 두견이는 피나게 슬피 울고요 강심의 어린 달빛 쓸쓸히 비쳐있네 어랑어랑 어허야 어허야 데야 내 사랑아

마침 지나던 대학생들 우르르 뛰어들어 어랑어랑 플래시몹을 펼치니 상갯골 큰애기 정든님 오기만 기다리고 칠천만 우리 동포 통일되기만 기다린다 어랑어랑 어허야 어허야 데야 내 사랑아

왁자하니 달아오른 흥에 한 구절 덧붙이는데 통일 통일만 되어주소 오체투지 이 한 몸 백두산엘 못 오를까 동해인들 못 가를까 어랑어랑 어허야 어허야 데야 내 사랑아 일제히 짝짝짝

가쁜 숨소리 너머 술잔이 날아오고 파전에 닭튀김이 배달되고

그의 좌판도 덩달아 흥흥

아름다운 도발

저녁 다섯 시 반, 퇴근 물결로 러시아워를 이루는 도로에 시니어 클럽 어르신들의 호각소리 요란스럽다 나는 아직 거기 끼기엔 연륜이 짧아 그 옆 빌딩 경비원으로 서서는 주기적으로 들려오는 호각소리에 고갯장단 맞추며 퇴근하는 직원들 차림새를 살핀다 행여 어르신들 저 열기에 누 끼칠 이는 없는가 특히 어린 아가씨들의 과도한 노출에 마음 상하시지는 않을까 조마조마한 가슴으로 셔츠의 목 곡선과 치맛단의 길이를 일일이 재고 또 재 보는데

하지만 난들 어쩔까 나무랄 일도 나무라서도 안 될 그들만의 엄연한 자유를 물끄러미 쳐다볼 뿐 다른 요량이 없다 그런데 핸드백을 불룩하게 메고 가는 아가씨의 치마가 유난히 짧아 보여 핸드백을 핑계 삼아 제지를 해야 할까 말까 망설이는 사이 이미 아가씨는 어르신들 앞에 멈추어 섰고 우려한 대로 어르신들 시선이 모두 그녀 치맛단에 쏠렸는데

아차! 표정의 아가씨, 핸드백 속에서 한 꾸러미의 요구르트를 꺼내 어르신들 품에 안기듯 건네고는 막 바뀐 신

호등에 삐뚝빼뚝 뛰어 건넌다
 건너며 뒤돌아보고는

 고마워요 할아버지, 계속 수고 좀 부탁드려요!

 깜찍 발랄 달콤 명쾌한
 그녀의 당부 인사가 내 가슴의 체증을 단번에 쓸어내리는 거였다 그리고 저 예쁘고 아름다운 도발을 그녀가 맘껏 누렸으면 참 좋겠다! 하고
 행복이란 애드벌룬에 냉큼 올라탄 내 몸이 한정 없이 날아오르고 있었다

오동나무 늙은 손

한창 저녁 참 준비에 바쁠 시간
늙은 오동나무 잎이 청으로 기어올라
시키지도 않은 마루를 닦고 있다
넓은 손바닥으로 후딱 마루를 닦아 놓고는
기둥도 닦고 방문 문살도 꼼꼼히 닦는다
자세히 보니 그 손, 손바닥이 찢어져
후들후들 피가 흐르고 있다
아마도 섬돌을 오르다 찢긴 걸 거다
마당에 늘어둔 거름도 피할 길 없어
온몸으로 기어서 넘었을 거다
그러느라 무르팍도 까졌을 거다
상처투성이 그 몸으로 청을 모두 닦아놓고는
안방까지 닦겠다고 방문을 열어젖힐 태세다
나는 황급히 그 손 움켜잡았다
흙먼지와 거름과 땀과 피가 피아彼我 없이 뒤범벅된
추레하게 늙은 손, 그 손 부여잡고
한참이나
손가락 마디마디를 비다듬어주고 있었다

자화상

행락은커녕
뒷산 산책의 시동조차 안 걸리는 날은
고물 카메라 조립해 들고 베란다 꽃들의
세상 구경하는 시선에 빌붙어 노닥노닥대다가
부산갈매기 재방 야구를 보며 악을 써대다가
점잖게 앉아 TV바둑도 보다가
헐렁한 책 속의 팍팍한 시들을 읽기도 하다가
자명종 소리에 놀라 퍼뜩 씻고 입고 근무에 나서서는
다음 해질 때 해뜰 때 맞춰 터덜터덜 돌아오다가
어쩌다 울어대는 전화벨 소리에 붙들려 나가
주거니 받거니 소주잔 빨아대다가
복기復碁하자면 짜증부터 이는 정치 얘기로 성깔머리 박박 긁어대다가(이마저 않으면 꼭 투표권도 없는 무국적 부랑자만 같다니까)
노가리 다리통 찢어 질겅질겅 씹어대다가
파장엔 노랫가락도 두어 곡절 뽑아대다가
다 잠든 골목, 오늘도 걷는다마는~~~
늙은 말발굽 소리 쿵쿵 울려대다가

저승길을 묻다

– 지독지정舐犢之情

화단의 수목이 울창할 땐 보이지 않던 꽁초며 잡쓰레기들이 가을이 깊어지면서 모습을 드러내 넝마집게 들고 그것들을 일일이 집어내고 있는데

지팡이로 땅을 톡톡 두들기며 옆을 서성이던 할머니, 기어코 그 지팡이로 날 돌려세우고는 길을 묻는다

여기 분밍 있었는디

무엇 말입니꺼, 할무이?

사진관 말다. 분미이 요기 있었제?

아, 그 사진관 말입니꺼? 이사 갔심더. 삼 년도 더 지났는 데예!

머라카노. 어딧따꼬?

삼 년 전에 이사, 딴 데로 갔다고요. 그보다 할무이 머할라꼬 그라는데예?

징밍사진 박을라꼬지.

아, 증명사진요! 요 위 3층 예식장에 사진관이 붙어있긴 한데 주로 잔치사진 찍는 데라서 될랑가 모르겠심더. 함 알아봐 드릴까예?

머라? 어따 씨냐꼬?? 영정사진으루 씰라카지!

그 말에 그만, 내 말문이 젖어버렸다
되긴 되겠다 싶다 안되더라도 할머니의 저 간절함이면 충분히 될 거 같아 하던 일 잠시 접어두고 할머닐 모시고 3층으로 올라가는데, 안 그래도 디는디 내 혼자 차저 갈 수 있는디 연신 미안해 어쩔 줄 몰라 하신다

어머니께서 노상 하시던 말씀이 떠오른다
나도 니 애비처럼 잠자다 콕! 가비리야 조을 틴디 지발 그래야 니들이 편할 틴디

올 때야 멋모르고 온 우리들이지만 갈 때는 남은 자식들 걱정 떨치기가 힘든 우리 인간의 지독지정 아니겠는가 저 할머니나 내 어머니나 자식들에 대한 그 지독지정 때문에 지팡이로 땅을 톡톡 찔러 봐가며 홀가분히 떠날 저승길을 묻고 있는 거다

상강 즈음에

– 차마 부를 수 없었던 노래 1

독한 가난에
일찍이 접어야 했던 문사文士의 꿈

길은 만 갈래, 겹겹 낯선 길에서
이 길이려니 들어선 길이 엉키고 꼬여
불의 사고에 이립을 망치고, 병상에서 불혹을 맞아
지천명 가까워서야 수구초심 향리로 회귀
도도한 묵향의 목침으로 고쳐 베었으나
여태 살아온 행적들과의 괴리가 깊고 아뜩하여
드리운 내 수구垂鉤(낚시) 끝에는
연일 물고기들 낯가림만 일렁댈 뿐

어즈버 어즈버 이순도 지나
망칠望七의 몸 굽어보며
자손에게 물릴 족자 한 폭이라도 남겨야지, 하는
다급해진 수구秀句에의 갈망이
날로 성성해 가는 서릿발에
발꿈치만 자꾸 도두 세우는구려

몽설방가夢泄放歌

– 차마 부를 수 없었던 노래 2

생면부지 뇌졸중이란 칼날이 나를 베 눕히던 날
단 한방에, 멀쩡하던 팔이 다리가 걸음걸이가, 입이 말이, 귀가 소리가, 머리가 기억이 생각이
무려 절반씩이나 소실되는 대참사를 겪어야 했는데
퇴원 때 입원확인서에 적힌 '뇌졸중(中)'이란 병명을
'뇌졸증(症)'을 잘못 기록한 거로만 읽었으니
생면부지와의 전쟁이 아직 '교전 중'이란 사실을
까맣게 몰랐으니
재입원하는 사태를 몇 번 더 겪은 후에야
뇌졸 '中'의 의미를
꿈자리 저릿하도록 깨우쳤는데

그간 몸담았던 직장과 직업과 친구들과 재산까지를
대부분 반납하는 조건으로 어렵사리 합의하여
죽은 듯이 살아와야 했으니
살얼음판 위 알몸으로 묶여있는 내 모습
차마, 차마, 누명만 같아
도시 낯설기만 한 차꼬를 벗겨보려 잊어보려
몽중몽설 읊어대기 시작한 옥중 방가가

누추한 내 투옥사를
고리정분 해놓은 꼴에 이르렀으니
혹여, 혹여, 낯 뜨겁기 그지없는
이 몽설夢泄들이
눈 녹으면 일순 사라져버리는 설니홍조처럼
내 생의 여얼을 뫼시고 떠날 사자가 되어주시려나?

■ ■ ■ 해설

붉은 노을의 시학

– 정소슬의 시 세계

정 훈(문학평론가)

정소슬의 시에서 사회 현실에 대한 풍자와 아이러니를 발견하기란 어렵지 않다. 그만큼 우리 사회를 진지하고 비판적인 시선으로 바라보고 있다는 반증이다. 시가 세계의 예민한 곳을 시인의 창조적 영감과 부딪치는 지점에서 생겨나는 언어의 꽃이라는 점에서 보면, 정소슬의 시야말로 이에 어울리는 한 장면이 아닐까. 냉소와 역설이 이번 시집의 여러 시편들에서 보이는 만큼이나 그의 내면적 통점은 강렬하다. 이는 고통이되 사회와 길항하는 가운데 점점 자라난 희망과 절망의 습합에서 비롯한 갈증의 한 요소다. 즉 온전하고 바람직한 세계를 희구하면서, 이 과정에서 맞닥뜨리게 된 부조리와 몰상식적인 현상을 목도하면서 내면화된 저항의식이 뭉쳐진 곳이 그의 통점이요 갈증의 최대치인 것이다. 세계에 대한 거리감에서 생겨나는 예민한 감성과 비판의식이 그의 독특

한 시적 형상화와 맞물려 이룩한 성과를 잘 보여주는 시가 이번 시집의 표제작인 「걸레」다.

나는 걸레다 나는 비정규직이다
반란을 꿈꾸는 미전향장기수이다
노동의 독이 밴 노동중독자이다
나를 충동질하여 내 노동을 빨아먹는 그들은
걸핏하면 내 귓등 간질이며 사랑을 주절거리고
가랑이에다 기름을 부어 떡메질 일삼는다
그럴 때면 그의 거친 숨소리에
덩달아 흥분하기 일쑤고
그의 다급한 정에 연민을 느끼기 일쑤고
그러다 그만 계약 연장에 동의해버리기 일쑤고

동의를 받아낸 그는 즉시
나를 구정물 속에 처넣어 인정사정없이 흔들어댄다
그간 얻어먹은 거 다 토해내라 윽박지른다
그 악덕 조항이 애초 기본규약에 숨어 있었다는 걸
나중에야 알지만
또 속았구나 후회하는 반복이지만
다 잠든 밤 구석에 처박혀
노동의 독물 빼내기만도 힘이 버거운
난치성 결벽증후군까지 품어 안고 살아가는
천형의

그러나 결코 포기되지 않는 봉기의 땀으로
꿈자리 늘 축축한
피톨마다

면면히 흐르는 비분 의열의 검은 피
나는 나는 외세 소탕꾼 아나키스트의 후예이다

—「걸레」 전문

자조적 은유의 한 형태라 할 수 있는 '걸레'의 비유를 통해 시인의 의식을 명료하게 나타낸 시다. '걸레'란 말은 시인에 따르면 "비정규직"이고 "미전향장기수"고 "노동중독자"와 동의어다. 이 세 가지 자기규정에서 연상되는, 어딘가 모르게 비타협적이면서도 불온한 이미지가 불러일으키는 내적 긴장은 이 시 전체에 확산되어 있다. 이 점은 시인의 시적 안테나가 자신의 사회적 실존과 맞물린 세계와 사회 사이의 긴장 관계를 반영하고, 이러한 긴장과 대립이 정소슬 시인에게 시를 쓰게 하는 동력으로 작용한다. 특히 자본주의적 비인간화의 측면과 노동소외, 그리고 계층 간 힘의 불균형에서 야기하는 약자의 고통을 아이러니하면서도 실감나게 형상화한 점이 위 시의 두드러진 특징이다. 자본을 쥔 자의 계략에 영락없이 말려 들어가는 화자의 심정 ("그 악덕 조항이 애초 기본규약에 숨어 있었다는 걸/나중에야 알지만/또 속았구나 후회하는 반복이지만")이나, 그런데도 쉽사리 무릎을 꿇지 않고 거대한 모순의 세계를 향해 의지를 보이는 ("그러나 결코 포기되지 않는 봉기의 땀으로/꿈자리 늘 축축한/피톨마다/면면히 흐르는 비분 의열의 검은 피/나는 나는 외세 소탕꾼 아나키스트의 후예이다") 모습에서 그의 시적 지향점을 드러낸다. 그가 지향

하는 시적 세계는 이상적으로 놓여있어야 할 체제와는 늘 어긋나고 비뚤어질 수밖에 없는 일그러진 세상의 모습을 지적하고 이를 독자들과 공유하는 데 있다. 따라서 그의 시는 신랄하고 차가운 분위기가 만연하지만, 그렇다고 해서 유토피아를 향한 뜨거운 심장과 인간애를 숨기지 않는다. 즉 그는 뜨거운 돌을 감싼 금속성의 어조로 시편들을 창작해 내는 것이다. 하지만 이런 형식적이고 표면적인 해석만으로 그의 시가 보여주는 다채로운 주제의식을 단순화시켜서는 안 된다. 분명 그의 작품의 주된 어조가 사회비판 의식일지라도 그 속에 내포된 생태적 휴머니즘을 무시할 수는 없기 때문이다.

달이 찬 만삭의 소가
검은 포도 위를 느릿느릿 걸어가고 있다
내 유년만 해도 저 소가
산을 낳아 풀과 나무를 키우고
논밭에 물과 이랑을 낳아
우리 일용할 곡식과 채소를 키웠다
그뿐이랴, 집집 땔감과 퇴비를 낳았고
지금 그가 걷고 있는 신작로도
그의 배로 키워 내보냈다 우리 모두 그의 자식이었다
어김없는 그의 자손들인데 어쩌자고
불룩한 저 뱃속의 내 동기가 태어나고 나면
포도 위로 들어설 트럭에 실려 팔려가야 하는가
내 식탁 위의
한 점 고깃덩이가 되어야 하는가

파푸아뉴기니 포레족의 사육제 제단이 되어버린
엽기적인 우리의 식탁

–「엽기의 식탁」 전문

사해동포적인 시선에서 보자면 인간뿐만 아니라 생명을 지닌 모든 존재는 '생명'이라는 존귀한 개념을 매개로 해서 평등하게 여길 수밖에 없다. 육식에 대한 모든 비판이 곧바로 채식 찬양으로 이어지지는 않는다. 시인이 「엽기의 식탁」에서 말하려고 하는 주제의식은, 전통적으로 우리사회에서 인간과 한 가족이나 다름없는 가축이었던 소를 잡아먹는 식문화를 비꼬고 비판하는 데만 향하지는 않는다. 자신들과 근본적으로 유사한 생태와 생존 환경에 속했던 존재를, 생명 보존을 위한 도구로 이용하는 문화에 대한 싸늘한 시선이 위시 전체를 감싸고 있다. 모순과 아이러니는, 우리가 자연스럽게 생각하고 행했던 일상의 영역에까지 번져있는 것이다. "파푸아뉴기니 포레족의 사육제 제단이 되어버린/엽기적인 우리의 식탁"이라는 냉소적인 진술에서도 시인의 의도를 읽을 수 있다. 시인에 따르면 '포레Fore족'은 파푸아뉴기니의 한 부족으로서 친족에 대한 식인풍습이 최근까지 성행했다고 한다. 식인문화 자체를 놓고 여러 이론과 인류학적 논의가 있지만, 이와는 별개로 시인이 건드리고 있는 지점만을 두고 본다면, 밥상에 오르는 "고깃덩이"가 애초에 우리에게 주었던 다양한 존재양식을 생각해보지 않을 도리가 없다. 순수하고 이해타산이 전혀 없는 시각에 대한 아쉬움은 비단 '밥상'의 유통과 문화에만 국한되지 않는다.

못을 구부려 박는 이가 있다
구부려 박아야 빼내기 어렵고
빼내기 어려워야 오래 견딜 게 아니냐고
그럴지 모른다 영영 박혀 그의 바람을
완벽하게 충족시킬지 모른다 그러나
사람은 누구나 남의 못을 빼내고 싶어 한다
빼내어 그 사람의 머릿속을 살펴보고 싶어 한다
그래서 이사 후 벽의 못부터 흔들어 보는 거고
그 작가의 책을 밑줄 그어가며 읽어보는 거고
그 기사의 기보를 두 번 세 번 들여다보는 거다
들여다보인 그 자리, 뚫려 생긴 그 구멍에
내 생각을 박아보고 싶어 하는 거다
도저히 빼낼 수 없는 못,
난해하여 도무지 납득가지 않는 못,
아리송한 궁금증으로 잠시 호기심이야 일겠지만
당최 빼낼 재간 없는,
고집불통 벽창호 같은,
시뻘건 녹물만 뚝뚝 떨어지는, 그 못 위에
대체 그 누가
금심수구의 비단 스카프를 건단 말인가?

–「구부려 박은 못」 전문

유연하지 않고 고정되고 간단한 사고방식에서 비롯하는 경직된 정신에 대한 비판이 「구부려 박은 못」에서 한 편의 우화로 제시되고 있다. "구부려 박아야 빼내기 어렵고/빼내기 어려워야 오래 견"딘다는 지극히 실용적이고 현실적인 습관과 감각이 팽배한 사회는 희망을 찾아보기 힘들다. 적어도 시인은 그렇게 생각하는 듯하다. 못으로 비유된 정신과 정신의 연결고리가 원활하게 이어질 때 낙관적이고 창조적인 인간 정신과 문화를 이룰 수 있다. 즉 "들여다보인 그 자리, 뚫려 생긴 그 구멍에/내 생각을 박아보고 싶어 하는" 조건, 그 유연하고 융통성이 깔린 터전에서 생성하는 사유와 정신의 흐름을 시인은 희구한다. "당최 빼낼 재간 없는,/고집불통 벽창호 같은,/시뻘건 녹물만 뚝뚝 떨어지는" 우리 시대의 완고한 정신적 습성에 대한 날카로운 비판을 읽는다.

비판과 거역의 정신으로 일관했던 시인의 삶이 겨눈 과녁은 아직도 요지부동이고 좀처럼 달라질 기색이 보이지 않는다. 청춘의 정열과 기세는 어느 선을 지나고 나이가 듦에 따라 유순해지는 것도 사실이다. 겉으로 드러나는 세계의 아귀짝들의 조합도 시간이 지나면서 변주되고 더욱 깊은 세계의 조합 틀로 치환된다. 시인에게 날선 비판의식을 심어주었던 우리사회의 부조리는 한편으로 시인으로 하여금 자신을 되돌아보게 하는 계기로도 작용한다. 앞만 보고 걷다가 발견하게 되는 자기 존재의식, 이러한 반성과 자각을 드러내는 시편들이 이번 시집을 더욱 다채롭게 한다.

한창일 때는 하늘만 우러러
내 몸 허공에 떠 있는 줄 까맣게 몰랐었는데
그러니 현기증도 당연히 몰랐었는데
하늘의 눈빛 돌연 써늘해져 시력이 쇠하고
기억도 차츰 흐릿해져
아아 떨어질 날 가까웠구나
이제야 시선 내리깔고
아래를 보니 전신으로 번져오는 현기증에
몸 가누기조차 힘이 겹구나
저 아래 땅을 기며 아장거리던 유년의 기억이
땅거미가 되어 스멀스멀 기어 다니는데
그간 이 높은 곳에서 어떻게 산 건지 꿈만 같아
도무지 겁이 없었어 겁도 없이
수직으로의 욕구만 꾸역꾸역 쌓아 올린 거야
현기증의 높이만큼 떨어질 것을 걱정해야 하는
이 지경에 와서야 과욕을 깨달아
그간 쌓아 올린 수직선을 사선斜線으로 허물며
진다… 진다… 수평선 되어 드러눕는다
다소곳 사선四禪의 품으로 입적한다

–「낙엽은 사선으로 진다」 전문

비단 시인뿐만 아니라 생명 가진 모든 존재들은 누구라도 한 번씩 생의 정점에 다다르곤 지게 되어 있다. 낙엽은 신록 한창일 때 하늘 높이 하늘하늘거리다가 제 명이 다해 바닥으로 떨어진 이파리다. 시인은 인간의 운명이 내보이는 생명의

길을 나무와 떨어지는 이파리를 통해 전한다. "그간 이 높은 곳에서 어떻게 산 건지 꿈만 같아/도무지 겁이 없었어 겁도 없이/수직으로의 욕구만 꾸역꾸역 쌓아 올린 거야" 한탄하며 자신의 욕심을 깨닫는 모습을 본다. '수직'이 유일한 통로인 것처럼 곧게만 올라가려 했던 마음을 뉘고 비스듬히 수평으로 드러눕고자 한다. 사선斜線이 사선四禪이 되는 이 은밀한 감성을 들여다보면, 누구에게나 지금까지의 삶의 방향과 목적을 되짚어보지 않을 수 없을 것이다. 언젠가는 떨어져서 지게 되어 있는 미물일지라도 높고 거룩한 뜻을 알 수 있는 가능성은 충만하다. 올곧은 것만이 능사가 아니라 순명順命이 무엇인지를 아는 것이 중요하다는 사실을 위 시에서 밝혀 놓고 있다.

한창 저녁 참 준비에 바쁠 시간
늙은 오동나무 잎이 청으로 기어올라
시키지도 않은 마루를 닦고 있다
넓은 손바닥으로 후딱 마루를 닦아 놓고는
기둥도 닦고 방문 문살도 꼼꼼히 닦는다
자세히 보니 그 손, 손바닥이 찢어져
후들후들 피가 흐르고 있다
아마도 섬돌을 오르다 찢긴 걸 거다
마당에 늘어둔 거름도 피할 길 없어
온몸으로 기어서 넘었을 거다
상처투성이 그 몸으로 청을 모두 닦아놓고는
안방까지 닦겠다고 방문을 열어젖힐 태세다

나는 황급히 그 손 움켜잡았다
흙먼지와 거름과 땀과 피가 피아彼我 없이 뒤범벅된
추레하게 늙은 손, 그 손 부여잡고
한참이나
손가락 마디마디를 비다듬어주고 있었다

―「오동나무 늙은 손」 전문

대낮은 활기찬 일상에는 잘 보이지 않던 삶의 빈틈이 날이 익고 세월이 지날수록 보이는 경우가 많다. 그게 자연이든 인사人事든, 의식이든 존재든 언제라도 비집고 들어오는 생의 구멍에서 마음을 적시게 하는 것들 앞에서는 누군들 숙연해지지 않을 수 없다. 저녁 어스름이 질 녘 늙은 오동나무 잎이 마루를 굴러다니는 모습을 시인은 "마루를 닦"는다고 표현한다. 자기 희생과 겸허의 마음을 오동나무 잎에서 읽는다. 한적하고 고즈넉한 저녁에 찾아오는 존재의 윤곽이 점점 선명해짐을 느끼는 순간이고, 이즈음 시인의 마음을 환히 밝히는 삶의 의미가 고개를 치켜드는 무렵일 게다. 뒹구는 것들 또한 인간에게는 하나의 진실을 보여주는 징표가 될 수 있다는 사실을 넌지시 보여주는 듯하다. "흙먼지와 거름과 땀과 피가 피아彼我 없이 뒤범벅된/추레하게 늙은 손, 그 손 부여잡고/한참이나/손가락 마디마디를 비다듬어주"는 시인의 숨결이 덥다.

정소슬의 시가 정직한 비판의 목소리와 내면의 다감한 정서가 어우러져 독특한 하모니를 이루는 이유는 아무래도 사회적 삶과 개인의 주체적 인식을 따로 떼어놓고 생각하지 않는 시인의 성품 때문일 것이다. 여기에는 사회와 길항하는 시인의 실존적인 삶의 형식을 객관화시켜 바라보는 시각도 한몫을 한다. 자신의 모습을 여과 없이 드러내면서, 거기에서 툭툭 튀어나오는 존재의 보푸라기들을 그저 들여다보기만 하는 눈길에서 인간미마저 풍기게 하는 것이다. 사회에 대한 비판적 인식만큼이나 자신을 가감 없이 표현하고자 한다. 이런 점이 극단적인 자기반성으로 치달을 때 자조에 흐르기 쉽지만, 오히려 시인은 자조나 자기 학대가 아니라 일종의 자기풍자, 즉 자신에 대한 비판적인 의식이 스며든 소박하면서도 건강한 형상화로 매듭을 짓는다.

행락은커녕
뒷산 산책의 시동조차 안 걸리는 날은
고물 카메라 조립해 들고 베란다 꽃들의
세상 구경하는 시선에 빌붙어 노닥노닥대다가
부산갈매기 재방 야구를 보며 악을 써대다가
점잖게 앉아 TV바둑도 보다가
헐렁한 책 속의 팍팍한 시들을 읽기도 하다가
자명종 소리에 놀라 퍼뜩 씻고 입고 근무에 나서서는
다음 해질 때 해뜰 때 맞춰 터덜터덜 돌아오다가
어쩌다 울어대는 전화벨 소리에 붙들려 나가
주거니 받거니 소주잔 빨아대다가
복기復棋하자면 짜증부터 이는 정치 얘기로 성깔머리

박박 긁어대다가(이마저 않으면 꼭 투표권도 없는 무
국적 부랑자만 같다니까)
노가리 다리통 찢어 질경질경 씹어대다가
파장엔 노랫가락도 두어 곡절 뽑아대다가
다 잠든 골목, 오늘도 걷는다마는~~~
늙은 말발굽 소리 쿵쿵 울려대다가

–「자화상」 전문

위 시에 표현된 시인의 사소하고 보잘 것 없는 일상이 '자화상'이란 이름으로 드러낸 것 자체가 일종의 아이러니면서도 해학적이다. 그러니까 시인은 여느 보통 사람과 다를 것 없는 삶을 영위한다고 '공표'하고, 이는 소시민의 소박하고 자연스러운 생활에서부터 존재 가치를 끄집어내려는 시인의 생각과도 이어진다. 거창하거나 대단한 사고방식에서 이 세계가 바뀌는 게 아니라는 인식의 이면에 드리운 질박한 현실이다. TV를 보고 시들도 읽다가, 근무하러 나갔다 돌아오는 길에 지인과 술자리를 마련하는 일들이다. 그리고는 "파장엔 노랫가락도 두어 곡절 뽑아대다가/다 잠든 골목, 오늘도 걷는다마는~~~/늙은 말발굽 소리 쿵쿵 울려대다가" 하는 하루를 보내는 시인의 일상을 떠올린다. 여기서 "늙은 말발굽 소리 쿵쿵 울려대다가"에 주목한다. 자신을 늙은 말발굽에 비유하는 차원에서 보면, 어느덧 인생의 기나긴 고갯길 중턱을 훌쩍 넘긴 존재의 자조 섞인 한탄으로 읽히기도 하지만 어떤 측면에서는 말발굽 소리 쿵쿵 울려대는 열정과 에너지가 아직 식지 않았음을 보여준다. 삶을 유순하게 받아들이고 수락하는 긍정적인 의미에다 남은 인생의 좌표를 붉게 물들이고 싶다는 의지 또한 엿볼 수 있다. 젊은 날의 차가운 광기와 비판의식을 잃지 않되, 하루하루 생의 여백을 부드럽고 소박하게 채우면서 여유로움을 가져보겠다는 마음을 읽게 된다. 자신과 세계를 이어주는 거대한 사회적 고리를 꽉 쥐면서도 개체적 삶에 부여하는 생의 진실한 마디 점을 매만지는 시인의 모습이다. 정소슬의 시가 붉게 타는 노을처럼, 여태껏 한낮의 노동을 행한 후 가득 품은 세계의 몸뚱이를 어루만지면서 즐거이 생의 지평선을 응시하는 눈매가 이번 시집에 훤하다.